바람에 흔들리지 않는 나무는 없다

바람에 흔들리지 않는 나무는 없다

초판 1쇄 발행 2023년 11월 30일

지은이 조용봉
펴낸이 장길수
펴낸곳 지식과감성#
출판등록 제2012-000081호

교정 정은솔
디자인 강샛별, 정윤솔
편집 정윤솔
검수 이주희, 이현
마케팅 김윤길

주소 서울시 금천구 벚꽃로298 대륭포스트타워6차 1212호
전화 070-4651-3730~4
팩스 070-4325-7006
이메일 ksbookup@naver.com
홈페이지 www.knsbookup.com

ISBN 979-11-392-1456-7(03810)
값 12,000원

• 이 시집은 (사)한국예총 여주지회의 지원을 일부 받아 제작하였습니다.

지식과감성#
홈페이지 바로가기

바람에 흔들리지 않는 나무는 없다

조용봉 시집

지식과감성#

목차

1부
그리움에게 물어본다

2부

한 사람이 있습니다

3부

바람에 흔들리지 않는 나무는 없다

4부

겨울비와 함께 떠나신 어머니

1부

그리움에게 물어본다

메밀꽃 필 무렵

흐붓한 달빛이 메밀꽃으로 떨어지면
땅에서 솟아난 하얀 그림자는
내 가슴으로 떠밀려 와
온통 그리움의 꽃잎으로 만들었습니다

20여 년 홀로 간직한 첫사랑은
고요한 달빛 속에 묻어 두고
나귀에 내 마음 실어 당신께로
향하는 왼손잡이의 사랑

지금도 그곳엔 물레방아가 돌고 있을까

너를 본다

바람 사이로 불어오는 너의 향기가
문득 그리워지는 밤이 오면
창가에 기대어 별빛에 수를 놓는다

한 올 한 올 별빛 따라 너에게로 가면
잊었던 기억마저 새순처럼 돋아나고
어느새 꺼져 버린 너의 촛불엔 달이 뜬다

새벽이슬 먹고 피어난 안개꽃이 햇살에 문드러지면
너에게로 향한 나의 사랑도 바래져
꽃그늘에 낯을 가리고 너의 향기를 맡는다

오늘도 새파란 하늘이 구름 사이로 흐르면
바람 없는 창가에 피어난 너의 얼굴을
낮달에 숨어 수줍은 듯 바라본다

못다 핀 너를 위해

울다 울다 지쳐 이제 잠들었더냐
피우려 피우려다 이제 지었더냐
그리움에 지쳐 저 산 너머로 떠밀었더냐
홀로 가는 그 길 외롭지 않더냐

그래도 세상은 살 만하다고
그래도 세상은 아름답다고
소리쳐 외치진 못하지만
그래도 세상은 살기 위해 있는 것이건만

네가 간 그 길 따라 구름은 흘러가지만
네가 간 그 길 따라 바람은 흘러가지만
네가 간 그 길 따라 우리는 갈 수 없구나

아이야, 이제 행복하더냐
네가 남긴 슬픔은 비가 되어 흩뿌리건만

아이야, 이제는 웃음 짓더냐
네가 남긴 그리움은 어두운 그림자 되어

내 뒤를 따라다니는데

울다 울다 눈물이 마르면
피우다 피우다 꽃잎 떨어지면
아이야, 그때는 네가 간 길 외롭지 않으리라

향인(香人)

내 마음에 피어난 건
꽃인가, 그대인가
향기로운 그리움이
방 안 가득 서려 있구나

꽃향기

너의 꽃잎이 다 떨어지면 나를 불러 다오
내가 너의 꽃잎이 되어 아름다운 향기로 남으려니
그 향기마저 떠나고 나면
쉼 없는 그리움도 한 송이 꽃이 될 수 있으리라

너의 부재

햇살 품은 봄은 하늘에서 시작되고
물결치는 바람은 산에서 불어오면
너는 내 가슴에서 솟아난다

바람에 묻은 슬픔을 떨치려 강가에 서면
마지막 남은 너의 기억은 꽃상여 지고 떠난
상여꾼처럼 겨울을 끌고 간다

잔눈에 묻어야 할 슬픔이 있건만
보듬어 줄 미소 하나 없는 세상에
오로지 너를 향한 뜨거운 사랑만 넘실대는 저녁

안개꽃 한 다발 들고 네가 떠난 들길을 바라본다
내 사랑아, 내 사랑아 몇 번이고 불러 보아도
뒤돌아 오지 않는 너의 미소가 떠오르면
내 가슴에서 너를 떠밀어 홀로라도 좋을 세상에
춤이라도 추고 싶구나

그리움에게 물어본다

그리움에게 물어본다
지금 네가 있는 곳에 꽃이 피어 있는지
지금 네가 있는 곳에 바람은 불고 있는지

그리움에게 물어본다
지금 네가 있는 곳에 햇살은 비추는지
지금 네가 있는 곳에 소나기는 내리는지

아직도 네가 그리워
발길 머무는 세상에서
별을 바라본다

너를 위해 불러 주었던
노래 하나에 물망초 꽃잎 하나
긴긴 세월을 떠돌고 있구나

바람

나무가 바람의 손길을 잡아 주기 전에는
바람은 그저
스쳐 가는 나그네에 불과하였다

나무가 바람의 손길을 잡아 주었을 때
바람은 비로소 가지 끝에 걸려
안식을 찾았다

나무가 바람의 손길을 잡아 준 것처럼
누가 나의 미소와 눈물에 맞는
나의 손길을 잡아 다오

그에게로 가서 나도
그의 향기로운 입맞춤이고 싶다

너나 나나 그 누군가는
가슴에 안식하고 싶은 쉼이고 싶다
너는 내 가슴에 나는 네 가슴에 영원히 머무를
무덤 같은 햇살 바람이 되고 싶다

너의 미소

시든 꽃잎 속에서 너의 미소를 만져 본다
미소를 머금은 꽃잎은 향기로운 손길로
나의 얼굴을 보듬어 주지만
보이지 않는 너의 얼굴은
깊은 밤 저 멀리서 손짓하는 외로운 별 하나

내게 그런 사람 있는가

문득 외로움이 밀려들 때 아무렇게나 전화해도 짜증 내지 않고
외로움을 쓰다듬어 줄 수 있는 그런 사람

내게 그런 사람 있는가

문득 배고픔이 찾아들어 아무렇게나
전화해도 따뜻한 설렁탕 한 그릇 사 줄 수 있는 그런 사람

내게 그런 사람 있는가

비 오는 저녁 커피 한 잔 사 달라 전화해도
그윽한 향기로 내게 올 수 있는 그런 사람

내게 그런 사람 있는가

내 인생 마지막 역에서 내 손 잡아 주며
한세상 고생했다며 눈물 흘려 줄 수 있는 그런 사람

오늘처럼 마음 시린 날 그런 사람 만나고 싶다

류시화 시인에게

사랑하라! 한 번도 상처받지 않은 것처럼
이렇게도 고귀한 말씀을 당신이 남긴
시집 위에서 뛰놀 때
난 상처받은 사랑에 다시는 사랑을 할 수 없더이다

묻고 싶소이다
당신은 누군가를 사랑하고 있느냐고
그저 한 줄의 멋진 글자로 남아
타인의 가슴에
겉멋으로 남으려는 허상은 아닐는지

사랑하라! 한 번도 상처받지 않은 것처럼
이렇게도 위로받을 수 있는 글귀를 남긴
당신은 옆에 있어도 그리운
사람을 떠나보내
상처 위에 상처를 덧씌워 아물게 했더이다

사랑처럼 슬픈 일도 없고
사랑처럼 기쁜 일도 없는

사랑처럼 설레지 않은 것이 없는
현실에서의 사랑이
오늘은 당신이 남긴 글귀 위에서 사그라지더이다

사랑하라! 한 번도 상처받지 않은 것처럼
하지만 난 상처받기 위해 사랑을 하렵니다
세상의 모든 것들을

가을이면

들판의 풀은 가을이면
푸르른 잎사귀를 간직했던 나무들은 가을이면
담벼락에 붉은빛을 띠던 장미는 가을이면
내 살갗을 물어뜯던 모기는 가을이면

가을이면
잿빛 속으로 사라져 가는 생명
그러나 겨울을 지나
생명의 잉태를 머금은 봄이
가을의 쓸쓸함을 빗질해 준다

그러나
너는 어이하느냐
다시금 꿈꿀 수 없는 너와의 새끼손가락은
긴긴 겨울을 지나 봄이 와도
약속 없는 약속으로 내일을 걷는다

견우직녀가 만나는 칠월 칠석날 그 하룻날이
내게는 오지 않는다

네가 떠나던 그날

가을도 내게서 떠나갔다

공무도하가

억겁의 시간이 지나 우리 다시 만난다면
지금보다 더 뜨겁게 사랑할 수 있기를

미안해
같이 가지 못해서
너 먼저 보내 미안해
나중에 나 너에게로 갈 때쯤 마중 나와 줘
한세상 잘 살았다 내 어깰 두드려 주며
눈물 없는 세상이 여기라고
쉼으로 가득한 세상이 여기라고
나를 쓰다듬어 줄 수 있기를

빈자리가 눈물로 가득 채워진 세상 살아도
함부로 건널 수 없는 강이기에 발만 동동 굴렀던 내 열 발가락
내 열 손톱이 다 빠진 후에야 당신께로 갈 수 있겠지

오늘도 무심한 구름은 당신이 건넌 강 위를 까닭 없이 노니는데
하얀 백발 흩날리며 나를 떠난 당신은
잠시 눈에 아른거리다
이내 허공 속으로 잠들어 버린다

2부

한 사람이 있습니다

사경에 찾아오신 예수님

아내를 병원에 입원시켜 놓고 혼자
차를 타고 집으로 오던 중
무심코 틀었던 FM 106.9

"사경에 찾아오신 예수님"
한바탕 소나기가 내 뺨을 스쳐 지나갔다
천둥 같은 울음소리가 차 안을 진동시켰다

내게 오시렵니까
힘들고 지친 내게
병든 아내를 위해 아무것도 할 수 없는 내게
당신은 오시렵니까

지금이 내 인생 가장 큰 위기의 시간임을
당신은 아셨나이까
죄인을 당신의 품으로 인도하시려
죄인에게 이런 시련을 주시려나이까

길이 보이지 않는 지금
깊은 골짜기 같은 하루하루가
무섭고 두려워 시린 가슴을 부여잡고
엉엉 울고 있는 지금이
죄인 인생의 사경입니까

그렇게 울고 나서야 당신의 손을 부여잡았던 나

어디에도 의지하고 기댈 수 없는 지금
이젠 나의 기둥이 되어 주신 당신

사경에 찾아오신 예수님

황학산을 걷다

아내와 두 아들이 함께 걸었던
황학산이 어제의 일이 되어 버린 지금
또다시 어제처럼 걷는 이 길에서
불안한 아내의 뒷모습이
두려운 낙엽이 되어 내 마음을 덮는다

알 수 없는 내일이 차라리
멈추어 버린 오늘이 되길
가슴 시리도록 소원해 보지만
냉정한 세월은 무서운 속도로
내일의 터널을 만들어 버린다

삶과 죽음은 동반자
살면 살고 죽으면 죽는 것을
삶이다 죽음이다
되뇌며 깊은 한숨을 내뿜는다

먼 길을 걸어야 할
두 아들의 삶이

이렇듯 가슴을 무겁게 하는 건
그리움 때문이리라

황학산을 걸으며
무수히 많은 발길이 오간 자리에 우리의 발길을 남기고
두 손 꼭 잡은 아들과 아내의 모습에서
내일을 발걸음을 약속해 본다

주여, 그리하게 하소서

기도

날마다 부서지는 가슴은 빗물 되어 흐릅니다
흐르고 흘러도 비워지지 않는 고달픈 상념은
오늘도 안개꽃처럼 피어납니다
세상 사는 일이 다 그렇고 그런 일이건만
내게 무지갯빛 삶은 그저 아련한 신기루처럼 보였습니다
무섭고 떨림은
떨리고 두려움은
삶이 주는 또 다른 축복이 되어
두 손 모으는 하루를 만들고 있습니다

교만하지 않은 두 발과
오만하지 않은 두 손과
방자하지 않은 두 가슴은
이젠, 하나의 마음이 되어 오롯이 십자가를 바라보게 합니다

기도하게 하소서
겟세마네에서 땀이 피가 되도록 기도하신
당신의 모습처럼 오늘도 상념의 다리를 건너
무지갯빛 삶이 아닐지라도

환난 중에 즐거워하며
연단은 소망을 이루는 줄 알기에
무릎 꿇는 하루를 만들게 하소서

까만 밤이 밀물 되어 몰려와도
아침이면 썰물처럼 밀려날 것이기에
이 한 자리에서의 삶은 그저 지난밤처럼
잠시 여기 머무는 세상입니다
그러나, 이 한 가지 소원을 말합니다
잿빛 그리움은 남기지 말게 하소서

엄마라 부를 수 있는 시간이 길었으면 좋겠습니다

막내아들이 오래도록 엄마의 젖가슴을 만지며 애교 떠는
얼굴에 한가득 미소로 가득 찼으면 좋겠습니다

막내아들 군대 갈 때 아들의 경례를 받으며 활짝 웃음을 짓는 그날까지 아들 옆에 있었으면 좋겠습니다

막내아들 대학 졸업식 때 아들이 입던 가운을 엄마에게 입혀 주고 멋지게 사진 한 방 찍을 수 있으면 좋겠습니다

막내아들 결혼식 때 아들의 손을 잡고 결혼식장으로 향하는 엄마의 손길에서 따뜻한 웃음이 묻어났으면 좋겠습니다

막내아들이 막내아들을 낳아 막내아들의 재롱을 보며 환하게 웃음을 짓는 엄마의 얼굴에서 행복이 가득한 꽃으로 피어났으면 좋겠습니다

여기저기에 떨어지는 나뭇잎이 우리네 삶일지라도
그중 하나는 오래도록 가지에 붙어 떨어지지 않았으면 좋겠습니다

그러다 흰옷 입는 그날이 오면 막내아들의 미소를 보며
따뜻한 주님의 품으로 갈 수 있는 날이 왔으면 좋겠습니다

그래야 엄마라 부를 수 있는 시간이 길어지기 때문입니다

주여, 그리하게 하소서

두 아들

엄마 없는 침대에 두 아들이 잠들어 있다
엄마의 체취를 느끼고 싶은 것인지
아니면 침대가 편해서인지
요양 병원에 가 있는 동안 침대의 주인은 바뀌었다

잠든 두 아들의 머리를 쓰다듬으며 기도를 한다
두 아이 엄마의 병든 육신을 고쳐 달라고
내가 걸어온 엄마 없는 하늘처럼
두 아들이 걷지 않기를
나보다 더 먼 길을 걸어가야 할 아이들이 더 많은
그리움으로 살지 않기를

참지 못한 눈물은
뺨을 스쳐 두 아들의 얼굴을 때린다

결혼기념일

12월 20일
오늘은 12번째 결혼기념일
요양 병원에 있던 아내는
기념일이랍시고 집에 오고 싶어 한다

두 아들을 데리고 아내가 있는 병원으로
마중을 나가 아내를 맞이한다
엄마를 본 큰아들
"엄마 머리카락이 많이 자랐네요"
"다시 빠지고 있어"
암세포를 잠재우기 위해 다시 시작한 항암
머리카락이 다 자라기 전에
또다시 빠질 준비를 하고 있다
집에 오는 길에 케이크를 샀다

촛불을 켜고 조촐한 파티를 한다
막내아들은 소원을 빌라 한다

마음 깊숙이 퍼진 기도

아내의 병을 낫게 하소서

케이크 한 조각도 입에 대지 못하는 아내의 눈빛엔
아쉬움이 고인다
그렇게 시들어 버린

12번째 결혼기념일

성탄 전야

가을빛이 겨울 속에 잠들어 버리고
찬 바람이 쓸고 간 들판엔 몇 개 남은 나락만이
배고픈 참새의 먹이가 되고

눈 속으로 빨려 들어가는
아이들의 웃음은 성탄의 기쁨이 되어
어둠 속에서 빛이 되어 내린다

함박눈처럼 따뜻한 마음이 연기 나는 굴뚝에 머물고
아랫목에 나란히 팔베개하고 잠자는 두 아들의
얼굴에서 아기 예수의 모습을 그려 본다

한 사람이 있습니다

내 마음에 한 사람이 서 있습니다
세월이 지나도 떠나지 않는 한 사람
내가 슬플 때 그 사람도 슬퍼하고
내가 기쁠 때 그 사람도 기뻐하던
나와 같은 사람이 서 있습니다

내 마음에 한 사람이 서 있습니다
세월이 흘러도 내 곁에 서 있는 한 사람
까만 밤 홀로 별빛을 보고 있을 때
많은 별의 노래가 되어 준 사람
그런 사람이 내 마음에 있습니다

내 마음에 꽃이 되어 준 사람
내 마음에 구름이 되어 준 사람
나를 위해 아낌없이 자신의 생명을 내어 준 사람
그런 한 사람이 내 마음에 서 있습니다

십자가의 피

손에서 핏방울이 떨어진다
발등에서
그리고 눈에서도

무슨 한이 그리도 많았기에
온통 피바다를 이루게 하나이까

죄의 나무가 무성히 자라
열매를 맺는데
사랑의 나무는 아직도 잎사귀를 피우지 못했나이다

당신은 가장 순결한 모습으로 화하기에
피의 강물은 아직도 흐릅니다
죄인의 가슴속에

3부

바람에 흔들리지 않는 나무는 없다

이유

걷다 넘어진 이유를
걷다 깨어진 이유를
걷다 무너진 이유를

때론 그것이 우리가 걸어야 할 운명의 수레바퀴
수레바퀴는 굴러야 하는 이유 앞에
아무런 변명도 하지 못한다

살다 만나야 할 이유를
살다 이별해야 할 이유를
살다 떠나야 할 이유를

그것이 우리네 길인 것을
세월 따라가다 보면 알게 되겠지

지금까지 살아야 했던 이유를

강가에서

흔들리지 않는 그리움은 없으리라
강가의 갈댓잎은 바람 없이도
손끝에 시린 그리움에 고개를 숙인다

언제부터 흘러왔는지 알 수 없는
강물은 수많은 사연을 가득 안고
어제부터 내일로 흐르고 있다

소리 없이 우는 저 강물 위에 고개를 휘젓고 가는 기러기야
어느 슬픈 나그네의 사연을 싣고 가느냐

사연 많은 내 어깨에 둥지라도 틀어
내 이름 석 자 쉬게 해 다오

강가에 서서
그리움을 던지며 수제비 놀이하는 내 얼굴엔
하얀 그림자가 춤을 추고 있구나

신륵사

영혼 같은 바람이 잠시 머물다 간 신륵사
흐드러지게 핀 가을
햇살조차 겸손하게 만든다

절을 안고 도는 남한강의 쉼 없는 동요는
계절을 탓하지 않고
조용한 세월을 품에 안고 흐른다

천년의 세월을 세워 놓고
수많은 발길이 머물다 간 불상 앞에
오늘도 엇갈린 손금을 비비는
여인네의 주름진 얼굴에선 미소가 핀다

한 많은 인생을 거룩함으로 빛내고
한 움큼 흙이 되는 육신의 안락함은
오히려 욕됨으로 다가선다

통곡하던 땅도 피비린내 나던 하늘도
어느새 삶의 뒷좌석에 내려놓고

인자한 얼굴에 머문 나비 떼 한 쌍

가는 것조차 아쉬워 내 이름 석 자
불상에 그려 놓고 간다

어둠 속의 불빛

태양 같은 강렬한 자동차 불빛들이
긴 행렬을 만든 일요일 저녁
서울로 향하는 수많은 불빛은 어둠을 수놓았다

길을 잃어버린 어둠은 불빛 속에서
노을을 만들고
쉼을 얻지 못하는 허공 속에서 고통 없는 눈물을 흘린다

어둠이 있어야 밝음이 있음을
밝음이 있어야 어둠이 있음을
어둠을 잃어버린 세상

도로 위에서 떼를 지어 다니는 수많은 자동차 불빛
생명의 잉태는 아담과 이브에서 출발하듯
두 손 잡은 연인의 손에서 어둠이 녹아내린다

어둠 속의 불빛이 떠도는 도로 위에서
삶은 늘 불안한 그네를 타고 논다

내 삶은 OK라면? 辛라면?

10인분의 식사값을 거뜬히 계산할 수 있는
K 사장이 오늘따라 유독 부러운 건
두 아들의 저녁을 辛라면으로 때웠기 때문이다
1인분의 식사값으로 세 끼는 먹을 수 있는 辛라면
라면 국물 속에 아비의 눈물이 있을지언정
아들의 웃음은 라면 속에서 피어나는
아이러니한 세상

철없는 아이들은 라면이라면 모든 게 OK
나도 OK 할 수 있는 세상에서 살고 싶다
힘들어도 가슴 아픈 일이 많아도
옷 한 벌 제대로 사 입을 수 없는 현실이라도
어둠 같은 슬픔이 찾아와도
OK라면 좋으련만
내 주머니 속 사정은 1인분의 식사값조차 떨리는 카드

어둠을 밟고 가는 나의 신발에 붙은
희뿌연 달빛이 나에게 물어본다
넌 OK라면? 辛라면?

쉼

달빛도 없는 창가에 나비 한 마리가 찾아들었다
쉼 없는 날갯짓으로 창문가를 서성이는 나비
불빛 찾아왔는가 창문을 열었더니
형광등 불빛 아래에서 빙빙 돌다
이내 침대 머리맡에 자리를 튼다

삶이 던져 주는 아픔들이
때론 긴긴 겨울밤의 모서리를 잡고 휘둘러 대는
채찍질처럼 느껴지는 밤
나비에게서 나를 본다
비바람에 젖은 날개를 고이 접고
쉼을 찾는 나비 속의 나

고독

컴컴한 공기를 마시며
긴 밤의 여정을 거닐어 보지만
애꿎게도
육신의 흔적만 남길 뿐
호흡만이 길게 늘어진 방 안에선
누구의 숨소리도 들리지 않는다

외로움은 긴 꼬리를 끌며 새벽 두 시를 향해 달린다
친구의 음성도 들리지 않는 이 밤
소리 없는 눈물 속에 3시는 먼저 와 있고
아침을 향하는 시곗바늘에 난 무기력하게
굴복당하고 말았다

혼자라는 긴 공백의 시간 속에
무수히 많은 생각의 파편은
한 편의 드라마를 엮었고
이제는 멀고 먼 여정의 저편에서
나의 시간을 이끄는 수레가 되었다

바람에 흔들리지 않는 나무는 없다

바람에 흔들리지 않는 나무는 없었다
나무처럼 흔들리는 마음은
종일 강가를 거닐었고
갈댓잎 사이로 들려오는 바람의 노래는
내 귓가에 서성였다가 금세 떠나가 버렸다

바람에 흔들리지 않는 나무는 없었다
민들레 홀씨처럼 이리저리 흩날리듯
떠다니는 내 마음은
종일 냇가를 뛰어노는 불안한 어린애의
발걸음으로 세월을 걸어왔다

멈추길 바랐다
돛대 없이 살아가는 삶이
취한 듯 비틀거려 아무 데나 쓰러지지 않을까
그래서 머뭇거렸다
내 발길이 머무는 곳에 상처 없는 삶이 나를 반기기를
그래서 망설였다
바람 부는 삶이 힘겨워 여기서 멈출 수 있기를

그러나

바람은 늘상 누구에게나 부는 것을

내게 오는 바람은 내 것만이 아니라는 것을

바람이 있어야 들꽃의 향기가 아름답듯

삶에 바람이 불어야 아름답다는 걸

아픔 뒤에 알았다

바람에 흔들리지 않는 나무는 없듯 상처 없는 삶은 없다

상처가 있기에

눈물을 흘리고 눈물을 흘린 뒤에야 비로소

나는 이 땅에 서 있는 것이다

핸드폰

핸드폰에서 소리가 난다
행여 나를 찾는 누군가의 목소리일까
설레는 마음으로 통화 버튼을 누르고 귀에 대면
"고객님은 대출 고객 대상자입니다"
"이런, 씨"
매번 속으면서도 핸드폰 울림에 마음이 쏠리는 건
어인 까닭일까
수십 개의 문자가 쌓였지만 대출, 주식, 보험 문자
난 누군가의 돈 덩어리였다

고라니

길을 잃어버렸다
분명 어제까지 뛰어다녔던 길이었건만
오늘의 길은 옛날의 길이 아니었다
고라니의 길을 가로지른 도로는
더 이상 고라니를 기다려 주지 않았다

고라니는 멍하니 문명이라는 이름으로
질주하는 자동차를 바라보고 있다
향수를 쫓듯 눈망울엔 붉은 눈물이 고이고
하늘을 향해 몇 번이나 울음 운다

밤새 무슨 일이 있었던 것일까
도로 한복판에 창자를 드러낸 고라니가 누워 있었다
달리는 차들의 길을 막듯 사지를 드러낸 고라니의 몸엔
마지막 온기가 번지고 있었다

인간의 무한한 이기 속에 파멸되어 가는 수많은 생명은
도로 위의 축제인가

향수초(鄕愁草)

- 베란다 창문 틈에서 자란 이름 모를 잡초를 보고

살 곳 찾아 베란다 창문 틈으로 날아왔건만
따뜻한 가슴 하나 없는 절벽 앞에
눈물로 웃음 짓는 너를 본다

바람도 피해 가는 창가엔
햇살의 손길조차 느끼지 못하고
차가운 이슬에 쓸려 고개만 내민다

어디서 날아온 생명이기에
이다지도 위태로운 곳에 머물러
노스탤지어를 꿈꾸는가

한 발자국 나아가지도, 물러서지도 못한 채
쓸쓸한 저녁, 창문 틈에 위태롭게 기대어
비린내 나는 생선 냄새에 별을 꿈꾼다

늦가을의 풍경

날개 없는 구름은 하늘을 날고
돛대 없는 물결은 강물을 걷고

흐느적거리며 달려드는 바람은
들판을 수놓은 비단이 되고

고추잠자리 꼬리에 붙은 햇살은
황혼 녘으로 길을 재촉한다

어둠이 깔리는 가로등엔 때늦은 나방이
힘겨운 날갯짓으로 기어들어 오고

이불 속으로 파고드는 어린아이들의
발길은 장난기 어린 속웃음에 잠든다

그 속에 나의 얼굴은 거울 속에 잠들고
너의 발길은 신발장에서 서성거린다

겨울 애상

가을걷이가 끝난 들녘엔 하얀 눈이 쌓이고
상처받은 바람은 몇 가닥 남지 않은 갈댓잎을
훑고 지나간다

낟알 몇 개 집어삼키려 눈 속을 헤집던
참새의 눈동자엔 고달픈 삶의 눈물이 고여 있고
산등성이를 헤치고 다니는 토끼의 발자국엔
하얀 이끼가 서려 있다

처마 끝에 달린 고드름 몇 개가 햇살을 껴안고
눈물을 흘릴 때면 툇마루에 걸터앉아 담배를 피우시던
노인네의 입에서는 생을 다한
담배 연기가 차가운 허공에 뿌려진다

감나무 끝에 걸린 홍시 하나가
제 주인을 만나지 못해 바람에 흔들릴 때
깨져 버린 구름은 잿빛 사연을 만들어
어둠을 몰고 간다

차가운 계절
따스한 온기가 그리워 호롱불에 온몸을 맡기면
어느샌가 고즈넉한 별들은 꽃잎처럼 피어난다

공존

남겨야 할 것들과
남겨져야 할 것들이 공존하는

이 땅에

우리는 남겨야 하는가
남겨져야 하는가

아니면 공존해야 하는가

허수아비

번듯한 옷 한 벌도 없이
오롯이 막대 하나에 의지해
들판의 문지기로 살아온 세월

비바람 맞아 가며 지켜 온
가을의 들판은 저리도 풍요롭건만
누구 하나 따뜻한 심장 하나
나눠 주지 않는다

어쩌다 참새 한 마리 찾아오면
곁눈질로 나의 얼굴 훑어본다
비웃듯 머리 위를 한 바퀴 휘돌고

찢어진 천 조각 하나로
나의 눈을 가리며
날카로운 발톱으로 어깨를 할퀸다

들판의 곡식들이 떠나고 나면
나의 삶도 옆으로 기울어져

그대로 땅에 꼬꾸라져 삶에서 멀어지겠지

땅에 떨어진 낟알 주워 먹던 참새
애처로운 듯 나를 힐끔 보더니
밀짚모자에 걸터앉자 한마디 건넨다

내가 너에게 깃털 하나 줄 테니
하늘을 한껏 날아 보겠니

강천보의 가을

강물이 여름을 안고 흐르는 동안
바람은 들녘을 쓰다듬어 계절 하나를 만들었다

메뚜기 뛰어노는 들판엔 노란 웃음이 묻어나고
코스모스 피어 있는 거리엔 꿀벌들의 만찬이 시작되었다

자전거 타는 아이들의 웃음소리는
싱그런 노래를 만들어 고추잠자리 등에 걸터앉고

돗자리에 물들어간 어른들의 세상 사는 이야기는
평화로운 오후를 꿈꾸는 집시의 노래

강천보의 가을은
아이들의 웃음과 어른들의 수다로 한바탕 시작된다

분수

영원히 변하지 않는 건
오로지 시간이라는 평범한 진리 아래
얼마나 많은 생명이 분수처럼 흩어져 버렸는가

어제도 오늘도 시간 속에 매몰되어 가는 무수한 호흡들은
시간 앞에 무릎 꿇은 굴복자의 모습

어제 떨어진 낙엽은 땅속에 묻혔다
오늘은 또 얼마나 많은 잎이 바람에
떨어져 나가려나

분수처럼 흩어지는 우리네 인생
여기저기에 떨어지는 잎처럼
목적 없는 우리네 삶이여

거울

고된 울음이 깊은 강을 만들었던 날이 있었다
직진할 줄만 아는 바보스러운 세월 앞에
역사의 반이 끊어진 날이 있었다
길들이지 않은 길을 걸으며
작은 바람에도 눈물을 씻고
흔들리지 않을 것 같은 어둠도
새벽이 되어서야 비로소 잠이 들었던 그때

그때 난 거울을 보고 있었다
거울 속의 또 다른 세상이 나를 반기고
인적 없는 거리를 홀로 걸었던 날
아무것도 들리지 않아 고요한 침묵이
거울 속의 나를 감싸 안았던 날
미친 듯이 울부짖어도 깨어지지 않는
절벽 같은 거울이 나를 쳐다보던 날

그날은 역사의 끝이었다
한순간 깨져 버린 날
나의 역사는 두 동강이 나 버렸다
그리고 나는 또 다른 거울을 찾아 길을 나섰다

코스모스

강천보를 따라 길을 걷노라면
강을 따라 도는 길가에
오색찬란한 코스모스가 가을 향기를 내뿜는다

가는 허리로 하늘을 떠받치고
비껴간 구름이 인사하던 강천보에
코스모스는 가을과 입맞춤하고 있다

벌 떼들의 잉잉거리는 소리는
강물 소리와 어울림이 되어
한 곡조 뽑아낸 오케스트라

코스모스가 춤추는 가을 길가를 따라 걷다 보면
너와 내가 맞잡은 손에서
아지랑이가 피어오른다

청소

먼지 하나라도 머리카락 한 올이라도 눈엣가시가 될까
쓸고 닦고 내 방 안을 청소한다

그러나 내가 입던 팬티 벗어 놓으면
금세 방 안은 하나하나 쌓여 가는
구겨진 생애의 바지들이 연달아 펼쳐진다

그래, 애써 치우지 말자
치워도 쌓여 가는 먼지는 나를 말해 주는 것이다

삶의 먼지가 가득히 쌓인 창문 틈 사이로
기어가는 거미가 눈에 거슬린다

바람이 불어 먼지를 쓸어 가도
잎새처럼 떨어지는 조각 같은 달빛

나는 오늘도 청소한다
그리고 다시 팬티를 벗는다

소망

흔들리지 않고 피는 꽃이 어디 있으랴
하지만
너무 흔들리어 꽃이 떨어지기 전 피지 못한 잎 먼저 떨어질 걸
잎 지고 꽃 지면 남는 건 무엇이랴
추하고 추한 뿌리의 모습만 앙상히 남을 걸

바람이여!
더 이상 불지 마오
피지 못한 꽃도 불쌍타지만 지는 때가 남아 있는
잎새의 두려움도 크리라

온전한 씨앗 하나 키우지 못하고
먼저 지는 잎새의 아픔을 누가 헤아릴까나

눈보라여!
더 이상 치지 마오
차가운 겨울 기나길면 언제 씨앗을 품으려나
밤송이 가시가 무서워 돌배는 점점 딱딱해지는데

소나기여!

이 이상 몰아치지 마오

봄 햇살 그득한 곳에서 우리의 씨앗 온전히 품고 싶소이다

방황

무너지지 않겠다고
바위 위에 섰지
단단한 바위 나를 받쳐 주리라 믿고
그러나 바람 불고 나니
어느새 난 바위에서 떨어져
낙엽처럼 굴러다니고 있었네

넘어지지 않겠다고
벽에 기대어 섰지
단단한 벽이 나를 받쳐 주리라 믿고
그러나 비 오고 나니
어느새 난 온몸이 젖어
허수아비처럼 주저앉아 버렸네

삶이 건네준 슬픔과 고통은
따가운 햇볕 맞으며 구름 위를
홀로 나는 외기러기

청둥오리야

청둥오리야
하늘 날다 비바람 불면 어찌하려니
하늘 날다 눈보라 치면 어찌하려니
하늘 날다 뜨거운 햇살 내리쪼이면
넌 어느 그늘에서 쉼을 찾으려니

청둥오리야
하늘 날다 날개 지치면 어찌하려니
하늘 날다 목이 마르면 어찌하려니
하늘 날다 가슴 조이는 고통이 오면
넌 어느 자리에서 쉬어 가려니

청둥오리야
나도 너처럼
매운 고통이 찾아오면 어찌하려니
걸어갈 힘이 없어 주저앉아 버리면
너처럼 견디며 하늘을 날 수 있을까

돌탑

강물에 실은 인생은
앞에서 끌고 뒤에서 밀고
끌고 미는 인생 속에
혼자서 갈 수 없다는 걸 알면서
강가에 혼자 서 있다

달빛에 흔들리는 강물은
어릴 적 뛰어놀던
동네 아이들의 숨소리

다시는 돌아갈 수 없기에
정성 어린 손길로 하나둘씩
강바닥에 돌탑을 쌓아 올린다

끌어 줄 만남 하나를 들어 올려
밀어 줄 만남을 기다리다
돌탑은 풍화되어
푸석이는 모래가 되어 버렸다

추억이 되어 버린 초등학교

잠들어 있던 기억이 날개를 단 오후
먼 기억 속으로 손짓을 하다 보면
소꿉놀이하던 아이들의 웃음소리가
메아리쳐 들려올 것만 같다

어깨 위에서 춤추던 햇살이 온 교정을 덮으면
햇살처럼 기지개를 켠 느티나무는
초록빛의 숨결이 어제인 듯 가물거리고
보물찾기에 흠뻑 취한 바람은 고개를 돌렸다

어디에선가 삶의 옷을 입고
세월과 씨름하며 살고 있을
내 동무들은 생의 한가운데에서
옛날을 기억하리라

낡은 지식의 공간이 되어 버린
교정은 낯선 이들이 발걸음을 재촉하고
추억을 더듬는 거미처럼 먼지만 발가락을 내민다

낡은 지식

오늘도 난 교과서를 들고 교실로 들어간다
AI가 판을 치는 세상에 교과서의 지식은
아이들에게 아무런 의미가 없다는 걸 알면서
교과서에 달린 가족의 생계를 위해
시 한 편을, 소설 하나를, 문법 하나를
마치 삶에 필요한 지식인 양 떠들어 댄다
수업을 끝내고 교무실에 와 앉으면
수없이 이어지는 공문 처리에 하루는 메말라 간다
밤하늘 별을 보며 문학을 이야기하던 우리는
음악 속에 자신의 감정을 쏟아부으며
인생을 노래했던 우리는
새로운 지식의 물결 속에서 몸부림치는 유물
유물은 유물일 뿐 더 이상의 가치가 없다
유물 속에 아이들을 가둬 두기가 어려워
핸드폰을 손에 쥐여 주고
영혼을 갉아먹는 게임에게 아이들의 지식을 내맡긴다

뿌리

마음에 뿌리내린 슬픔은 가지를 내어 줄기를 뻗어 갔다
한사코 거부하는 몸부림으로 하늘을 가려도
햇살은 등을 타고 뿌리로 내려간다
햇살의 자양분을 먹고 자란 뿌리는 이제 거칠 것이 없다

힘겨운 하루
어제의 내일도 오늘이 되어 살지만
늑장 부리며 일어서는 칼날 같은 어둠
차라리 겨울이었으면 눈 속에 파묻혀 고이 잠들 수 있으련만
난 가지를 베어 낼 면도날도 없다

애써 감추려 해도
가지 많은 잎 사이로 바람은 모질다
이대로 하늘은 멈추어 버려 긴 겨울 속으로 빠져들어 버렸으면

도통 사그라지지 않는다
내 발자국 뒤에 또다시 따라올 발자국은
또 다른 뿌리를 내리려 가지 끝에 씨앗을 품는다

너덜한 바람

사계절 변함없는 푸르름으로 바위에 서 있길
간절히 바랐다
지독하게 불어오는 바람에도
꺼지지 않을 그림자로 남아

너의 가슴 위에 남길 바랐다

가련하다, 가련하다
나 스스로 조롱하면서도 조롱은 나를 더 조롱할 뿐
막혀 버린 가슴에
질투는 나를 어지럽힌다

지저분한 감정에 돌을 던지고 싶다
지저분한 감정에 칼을 대고 싶다
너덜너덜한 나의 발걸음은 쓰러진다

나는 나이고 싶은데 나는 더 이상의 나이기를 거부하고 싶은데
나는 나이기에 서럽다

바위

움직이지 말거라
세월에

흔들리지 말거라
바람에

그리고 울지 말거라
빗물에

요동치 않는 너의 모습이 부러워
햇살 그득한 가을날
시린 가슴을 추슬러 너에게로 간다

아파도 아파할 줄도
슬퍼도 슬퍼할 줄도
그리고 사랑할 줄도 모르는
네가 그리워

오늘도 등 뒤에서 춤을 추는구나

상념

저녁 무렵 저만치서 지친 산들이
땅바닥에 하나둘 고개를 내민다
고개를 숙이면 숙일수록
겸손의 마지막 미덕인 듯
떨리는 나뭇잎 허공에 날리면서도
눈물 흘리지 않는다
어제는 비가 내리더니만
오늘은 눈이 내리는데
내일은 무엇이 지친 산들의 어깨를 감싸 주려는지
저 산만큼이나 내가 서 있는 자리는
한없이 초라해진다
저 산과 나와의 거리만큼
세상의 모든 것들이
적정선을 유지할 수 있다면
난 고개 들어 산을 볼 수 있으리라

사진

한 번의 선택으로
영원히 변하지 않을 웃음
정지된 시간만큼이나
사라지지 않는 기억
너와 나 그리고 우리들이
늘 그 자리에서 떠날 줄도 모르고
같은 동그라미를 그리며 살고 있다
오늘도 사진을 찍는다
그러면
그러면
행여나 하는 마음에
잠시의 웃음이라도 꺼지지 않을
별빛이 될까 하고

깡통의 축복

빈 깡통에 수염이 났다
흙으로 가지 못해
깡통을 뒤엎는 나뭇잎
나뭇잎 사이로 바람만이 잠시 스쳐 갈 뿐
수염은 계속해서 자라고 있다
그리고
둥지를 틀고 있다
하나의 생명체가 잉태하려는지
무수한 알갱이들이
어미의 가슴인 양 부비고

시간이 흐른 뒤
머리를 내민다
그렇게 태어난다
지구상에 존재한다는 이유로
어미의 품에서 깨어나
땅속으로 기어가고
또다시 홀로 버려진 깡통은
푸른 풀밭 옆에서 잠을 잔다
영원한 안식을 위해

나

암내 찾아 떠나던 밤
가로등 불빛은 등을 돌리고
강물 속으로 빨려 들어간 육신은
젖은 몸으로 기어 나온다

아무 일 없던 것처럼 잠에서 깨어난 나는
하루를 걷던 시간을
담배 연기 속으로 떠나보내고

또다시 밤이 되면 암내 찾아 떠난다
발정 난 동물처럼

수면

가슴에서
사슴 한 마리가 뛰놀고 있다
푸른 초장에 피어난 그리움을 먹으며
햇살에 가득 취해 버린 우물을 마시며
정겨운 바람과 춤을 추고
그러다
떠나 버렸다

사라지는 것들에 대한 아쉬움에
난 잠에서 깨어나
술을 마신다

그리고 다시 잠을 잔다
사슴을 만나기 위해
별빛을 헤며
밤길을 걷는다

부평초

문밖을 나서면 불어오는 바람에 몸을 맡긴다
피하고 싶어도 피할 수 없기에
나는 차라리 나무가 되련다

흔들려도 뿌리는 흔들리지 않기에
버티고 서 있는 그 자리에서 살아야 할 의미를 부여하고
떨어지는 나뭇잎들의 사연을 만들려 한다

세상은 정 하나로 살 수 없기에
냉정과 그늘의 침묵 속에서
때론 돌아앉아 지는 해를 보려 한다

뿌리마저 흔들리는 나무가 되면
가을의 이른 바람에
연못가에 떠도는 부평초라 말할까

신문 기사(死)

어제 신문에 교통사고로 11명이 목숨을 잃었다는 보도가
오늘 신문에 교통사고로 12명이 목숨을 잃었다는 보도가
내일 신문엔 교통사고로 몇 명이 목숨을 잃었다는 보도가
죽음은 일상에서 일어나는 다반사
죽음은 피해 갈 수 없는 인간사
타인의 죽음은 나와는 관계없는 일이기에
죽음은 일상적인 단어가 되어 버렸다

그러나
나에게 닥칠 죽음은 종말 같은 고통
그럼에도 작은 종이 위에 장식용으로 쓰일 이름
잉크가 다 마르기도 전에 나의 육신은 구름 되어 떠난다

오늘도 걸었습니다

오늘도 걸었습니다
걷지 않으면 안 되는 삶의 길을 걸었습니다
걷다 보니 힘도 들고 고달프고 쉬고 싶은 마음도 들었습니다

걸어야 살기에
걸어야 죽음으로 가기에
걷고 또 걸었습니다

걷다 보니
코스모스도 만나고
들국화도 만나고
고추잠자리도 만나고

걷다 보니
들녘의 황금벼도
강가의 물오리도
하늘의 구름도 만났습니다

그렇게 만나고 헤어지는 길에서

잠시 그늘을 내려놓습니다

어둠의 그늘을

어렵게 쓰인 시

부끄러운 일이다
몇 줄의 시어를 나열하고
몇 줄의 시어에 감정을 집어넣고
몇 줄의 시어에 시집은 서점에서 독자를 기다린다

아무도 찾지 않는 시집을
시집이라 좋아하며 시인이라 떠들어 대는
사람들 속에 어쩌면 나도 있으리라

그러나
쉽게 쓰인 시가 어디 있으랴
몇 줄의 시어를 나열하기 위해
몇 줄의 시어에 감정을 집어넣기 위해
몇 줄의 시어로 시집을 만들기 위해 무수한 고통을 만들었다

아무도 찾지 않아도 좋다
아무도 거들떠보지 않아도 좋다
베스트셀러 속에 먼지처럼 놓여 있어도 좋다

이 시집의 처녀작이요
오랜 시간 인고의 고통을 감내한 시
내 마음과 함께했던 동무

4부

겨울비와 함께 떠나신 어머니

어머니의 새벽

고요한 어둠이 문지방을 넘어
사립문을 지날 때쯤
햇살처럼 자리를 털고 일어나신 어머니는
깊은 잠에서 깨어나지 않은 자식들 머리맡에 앉아
깍지 낀 손가락 사이로 눈물을 흘려보내시며
기도로 하루의 문을 여신다

밤새 침묵을 지킨 문고리를 잡고 안방 문을 열면
어둠과 뛰놀았던 찬바람이 어머니의 얼굴을 반기고
부엌으로 향하신 어머니의 발등 위엔
두꺼운 덧버선이 삶을 재촉하고 있다

아침밥을 짓기 위해 아궁이에 불을 지피신
어머니의 이마에
또다시 내려앉은 골짜기 같은 아픔

한평생 아궁이의 불처럼 한을 지피며 살아오신 어머니의 귓가에
도박으로 까만 밤을 지새운 아버지의 발걸음 소리가
돌멩이 떨어지는 소리로 들려온다

아비보다 자식의 등을 의지하며 살아오신 어머니
자식의 등에 업혀 쉼을 얻기도 전에
소쩍새 울음소리 따라가신 어머니의 기도 소리가
그리운 새벽

어머니의 눈물

외할머니가 돌아가셨다
어머니는 밤새 눈물을 흘리시더니
새벽녘 이른 바람결에 버스에 몸을 싣고
외할머니댁으로 향하셨다
어머니가 어릴 적 그렇게도 모질게 대하셨다던 외할머니
그래도 새어머니도 어머니의 어머니셨다

외할머니를 멀리 떠나보내시고 집으로 돌아오신 어머니는
훌쩍거리신 날이 많았다
아궁이에 불을 지피시다가도
연거푸 코를 훌쩍거리셨다

어머니가 저토록 어머니를 그리워하실 줄은 몰랐다
어머니는 내 어머니가 전부인 줄 알았기 때문이다

이 세상의 어머니는 그녀들만의 어머니를 그리워하며
한평생 어머니로 살아오셨다

어머니를 떠나보낸 지 40여 년이 지난 지금

어머니의 얼굴은 퇴색된 사진 속에서만이
빙그레 웃으시고

지금은 백골만이 남은 무덤가에서
가을 햇살을 품고 계신다

대답 없는 어머니

- 고등학교 1학년 때

"엄마"
학교 갔다 집에 돌아오면 가장 먼저 부르는 한마디
"어, 왔니?"
엄마의 대답을 듣고서야 나의 저녁은 시작되었다

하지만 어느 날
"엄마" 하고 부르는 소리에 들리지 않는 엄마의 목소리
야간 자습을 하고 돌아온 나를 반기시지 않는 어머니

냉랭하게 맴도는 집 안 공기
건넌방에서 들려온 형수의 한마디
"병원에 갔어요"

순간 가슴이 뛰기 시작했다
무슨 일일까?
밤늦게서야 돌아오신 어머니의 몸은
더디게 움직이셨다

그날부터 어머니는 몸을 가누지 못하셨다

어머니의 그늘
- 고등학교 2학년 때

학교 근처에서 자취하던 나
주말이면 어머니를 뵈러 집에 갔다

“엄마” 하고 부르면
귀에 들릴 듯 말 듯
“으~”

어느새 뼈만 앙상히 남은 어머니의 몸 언저리에
어둠이 찾아들었다

살이 썩는 고통의 바구니를 끌어안고
텅 빈 방에서 어머니는 외로움과 싸워야 했다

긴 고독의 끈을 놓지 못하고
서서히 길을 떠나는 어머니의 모습에서

나는 삶의 절망을 느끼고 말았다

어머니의 옷자락을 붙잡고

- 고등학교 3학년 때

처음으로 어머니를 끌어안고 울어 버렸다
“엄마, 차라리 같이 죽을까”
어머니는 나를 흘겨보셨다

잠든 어머니의 볼에는
깊은 어둠이 잠자리를 틀고 있었다

나도 어머니의 길을 걷고 싶었다
홀로 길을 떠나는 어머니의 옷자락을 붙잡고
어린아이 보채듯

아아, 설움이여
차라리 내 손에 칼을 쥐어 다오
어둠의 긴 터널을 자를 수 있도록

겨울비와 함께 떠나신 어머니

– 돌아가시던 날

어머니가 떠나시던 날 서럽도록 겨울비가 내렸다
내 눈물을 감추려 내린 비 앞에
내 눈물은 초라했다

어차피 가셔야 했던 길
차라리 육신의 고통 속에 하루가 천 일이 될 바에야
천 일이 하루가 되는 저 세상이
어머니에겐 나았으리라

떠남의 빈자리가 나를 얼마나 고통스럽게 할지 그때는 몰랐다
스스로 비극의 주인공이 되어
관객 없이 무대 위에서 춤추는
광대의 슬픔

어머니가 오르내리던 밭길을 무작정 걸었다
어머니의 고요한 얼굴이 내 눈앞에서 떠나지 않아
땅에 엎드린 채 가쁜 숨을 몰아쉬었다

그제야 겨울비는 멈추고 내 눈물이
구름을 만들었다

어머니의 하관

진짜로 돌아가셨다
오시던 길 되돌아가셨다
흙에서 왔으니 흙으로 돌아가신 어머니
몇 줌 흙을 관 위에 뿌렸다
그리고 깊은 어둠의 영원을 간직하신 어머니께
마지막 인사를 한다

"엄마, 모진 어둠 걷어 내고 이제 편히 쉬세요"

꿈에서 만난 어머니

어머니가 떠나신 후 꿈속에서만 볼 수 있었다
엄마라 부르는 소리에 대답도 없으신 어머니는
아궁이에 불만 지피고 계셨다

꿈에서라도 볼 수 있으니 좋았지만
자꾸 흐려지는 어머니의 모습은
옛날의 기억을 더듬어 찾아 떠나는
집시의 노래로 남을 뿐
잠 깬 얼굴엔 눈물이 고였다

그 흔한 사진 한 장 없이
이 세상에 혼자라는 외로움만
하늘을 가리고
그리움 찾아 떠나는 어머니의 노래

어머니 다른 어머니 1

엄마라 부르지 않는다고 서운해하시는 어머니
내게 엄마는 한 분이신데 어찌 엄마라 부르오리까
엄마라 부를 수 없기에 어머니라 불렀다
당신은 나의 엄마가 아닌 내 아버지의 두 번째 부인일 뿐
그저 당신은 보통명사의 어머니

어머니 다른 어머니 2

주말이면 어머니를 뵈러 집으로 향했다
“저 왔습니다”
“어~ 왔어?”
나를 반기시는 어머니는 나를 위해 저녁 준비를 하셨다

“엄마, 나 왔어”
“끙”
건넌방에 홀로 누워 계신 어머니
혹시나 대변을 보시지는 않았는지 기저귀를 들치었다
기저귀가 잔뜩 먹은 것은 어머니의 눈물이었다

“밥 먹어”
어머니는 혹시나 배를 곯지 않을까 이것저것 차려 주셨다
안방에서 아버지와 나는 어머니가 차려 주신 밥상 앞에 앉아
고깃국을 먹었다

“엄마”
서럽도록 목이 멘 저녁 시간이었다

어머니 다른 어머니 3

아버지가 떠나신 후
홀로 계신 어머니

다른 남편 만나 아버지와 살던 집에
다른 둥지를 만드셨다

그리고 또 헤어지셨다
외로움 때문이셨을까

어머니 다른 어머니 4

어머니가 돌아가셨다
언제 어떻게 돌아가셨는지 알 길이 없었다
누구도 어머니의 죽음을 말해 주지 않았다

무거운 마음을 끌고 어머니가 살던 집을 찾아갔다
꽉 잠긴 대문은 나를 멀리하였고 창백하게 버려진
햇살만이 지붕 위를 비추었다

눈물은 없었지만, 어머니라 부를 수 있었던 사람이었기에
아버지와 살갗을 맞대고 살았던 사람이었기에
내 대학 수업료를 내주셨던 사람이었기에
마음은 씁쓸한 강을 건너고 있었다

나를 의지하고 싶었던 사람
나를 자식으로 만들고 싶었던 사람
나와 함께 살고 싶었던 사람
그러나 내 마음은 허공 속에 떠도는 구름

어머니의 무덤

60 평생 칼날 같은 세월을 등에 업은 채
눈물 먹고 살아온 가슴
가시는 길 홀로 눈물 흘리며 가시더이다

쓸쓸함도 외로움도 차갑게 식어 버린
당신의 툇마루는 겨울 햇살 속에
조용한 침묵으로 덮여 있고

흰옷 입고 나비춤 추시던 당신의 모습은
내게 흑백 사진으로만 남아
인생의 한을 그리움으로 남기더이다

어머니, 어머니
몇 번이고 불러 보아도
먼 옛날의 당신만이 나를 기억할 뿐
무덤 속의 당신은 아무런 말씀도 하지 않더이다

삶의 고뇌 다 잊으려 흙으로 가신 어머니
산기슭을 타고 내려오던 바람도 잠시 머문

당신의 무덤가에

할미꽃 한 송이 고즈넉이 누워 있고
바람에 툭 떨어진 도토리 하나 그 위에 앉아
그네를 타고 있더이다

어디서 뵈오리까
어디서 당신의 음성을 들으오리까
어디서 당신이 입으신 치맛자락에 안겨 살진 젖가슴을 만지오리까

어머니 나의 어머니

아버지의 허리

구부러진 허리 사이로 세월이 지나갑니다
오늘은 또 얼마만큼의 세월을 지고
구부러진 허리로 사셔야 합니까
코가 땅에 닿아 호흡을 멈추면 그제야
평안한 길을 걸으시렵니까
당신이 살아오신 날들만큼
나 또한 살아야 하기에 걸음 하나에
눈물 하나를 심어 봅니다

아버지의 눈물

아버지 환갑잔치 때였다
동네 사람들의 축하를 받으며 마냥 행복해하시던 아버지
안방 아랫목에 앉아 잔칫상을 받으신 아버지는 갑자기 눈물을 흘리셨다
이같이 즐거운 날 왜 눈물을 흘리시는가
아버지는 돌아가신 친형이 생각나서 흘린다 하신다
병으로 먼저 세상을 떠난 큰아버지가 생각나서
눈물을 보이신 아버지
아버지에게도 눈물이 있음을 그날 알았다

아버지의 아리랑

"어여, 어여"
한 굽이 두 굽이를 지나야 닿을 수 있는 밭을
소 몰고 밭 갈러 가시는 아버지의
어여 소리는 산골짜기마다 메아리를 만들고
산길을 오고 가는 짐승들의 장단이 되었지
손바닥만 한 밭에 무엇을 심겠다고
저리도 극성이신가 투덜거려도
아리랑 한 곡조 뽑으시며 이랑을 만드시는
아버지의 얼굴에 알 수 없는 미소가 흙 속으로 번졌다

해 저문 저녁
땅거미가 산을 타고 내려오면
그제야 아버지의 아리랑은 후렴구를 타며
집으로 돌아오고
세숫대야에 발을 씻으시는 아버지의 발
딱딱하게 굳은 아버지의 뒤꿈치에선
또 하나의 밭고랑이 새겨졌다

아버지라는 삶의 지게

당신이 짊어진 삶의 무게만큼
당신이 걸어온 세월의 바람은
당신의 지게 위에 잠시 머물다
새벽녘 어둠처럼 사라져 버렸습니다

자식들의 삶을 위해
한평생, 산등성이의 그림자가
길게 드리워질 때까지
지게를 지신 당신의 두 어깨

두 아들 앞에 선 당신의 아들은
당신이 지신 삶의 업보처럼
보이지 않는 지게를 어깨에 메고
오늘도 깊은 시름의 노를 저어 갑니다

아버지란 이름이 이토록 무겁게 느껴지는 건
세월의 장난으로 등대 없는 삶을 살아 나갈까
안쓰러운 마음에 지켜보는 두 아들의 얼굴이
서럽게 느껴지기 때문입니다

이 세상 짊어지고 가야 할 짐이 있다면
차라리 내 어깨에 지겠습니다
홀로 가는 지게 길이 서럽고 두려울지라도
아리랑 부르며 건너가야 할 길이라면

나 그렇게 걸어가고 싶습니다

아버지의 하관

나뭇잎이 땅에 떨어졌다
나뭇잎은 땅에 묻혀 흙이 되고
나뭇잎은 그리움이 되어 가슴에 남았다

그리움은 아버지였다
아버지의 인생은 무엇이었던가
굴곡진 삶이 아닌 것이 어디 있겠는가만
고달픈 삶이 우리에게 준 것은
살아야 하는 이유
그 이유 앞에 아버지의 삶도 있었다

70 평생의 삶을 마무리하신 그날
아버지 따라 놀던 산짐승도
아버지가 부르시던 아리랑도
아버지의 밭에 잠시 머물러
아버지 가는 길을 배웅하였다

이젠 부모님도 다 떠나시고
홀로 남으신 새어머니만

안방에 목석처럼 앉아 계신다

아바지 가신 그날
쓸쓸한 바람이 내 등 뒤에서 노래를 부르고 있었다

고향

고무신 신고 뛰어다녔던 동네 골목길
개구리 뒷다리 구워 먹던 논두렁
총싸움 칼싸움으로 지쳐 버린 산자락에
나의 세월을 묻어 놓은 그곳

시간은 헤어짐을 만들어
차가운 비석에 이름을 새겨 넣고
아련한 기억 속에서 손짓하는
동네 어르신들

해 질 녘 검붉게 물들어 가는 땅거미처럼
아련한 기억 속으로 먼지처럼 흩어져 버린
어린 삶의 조각들

버들피리 불며 보이지 않는 추억들을
찾으려 풀숲을 찾아 헤매도
냇물에 휩쓸려 떠나 버린 추억 속의 종이배

지금은
그 어디에서 삶의 옷을 입고
거친 세월과 노래하고 있을
그리운 옛 동무들

먼 훗날, 지긋이 눈감은 그날
같은 고향의 뿌리가 정겨워
산기슭에라도 모여 이야기 나누는
꿈을 꾸리

그리운 그곳…

벌초하러 가는 길

한 가족의 생계를 책임지던 논이 사라졌다
사라진 논에 생겨난 건 4차선 도로
문명이라는 이름으로 매몰된 논은
인간의 이기를 위한 마지막 몸짓으로
내 기억 속에 잠들어 간다

사람이 떠나간 자리에
자동차는 늘어만 가고
들녘을 황금색으로 물들이던 가을은
잿빛 매연 속에 길을 잃어버렸다

어디로 갔는가 메뚜기는
고추잠자리는 어디에서 긴 꼬리에
코스모스 향기를 묻히고 날아다니는가

겨울이면 김장 배추를 씻기 위해
온 동네 사람들이 모여들던 냇가엔
희뿌연 오물이 줄을 지어 흘러간다

술래잡기하던 골목길은 여기인가 저기인가
길인 듯 아닌 듯 길은 놓여 있건만
옛길은 아니로다

벌초하러 가는 길에
나는 추억을 벌초하였다